AF247742

L27
20557

SOCIÉTÉ D'AGRICULTURE,

COMMERCE, SCIENCES ET ARTS DU DÉPARTEMENT DE LA MARNE.

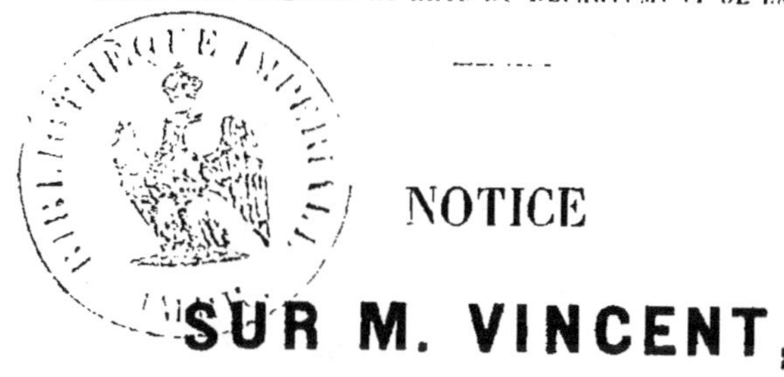

NOTICE

SUR M. VINCENT,

Membre correspondant,

ANCIEN DIRECTEUR DE L'ÉCOLE D'ARTS ET MÉTIERS DE CHALONS,
ANCIEN INSPECTEUR DES ÉCOLES D'ARTS ET MÉTIERS,
ET DIRECTEUR DES CONSTRUCTIONS NAVALES A TOULON ET A CHERBOURG,

Par M. Ant. GARDEUR LE BRUN,

Membre titulaire.

CHALONS,

E. LAURENT, IMPRIMEUR-LIBRAIRE,

Rue d'Orfeuil, 15 — 16.

1834.

NOTICE

SUR M. VINCENT.

— — —

MESSIEURS,

Notre collègue M. Vincent, que nous avons perdu cette année, est un exemple frappant de ce que peuvent l'activité, l'intelligence, une volonté forte et une extrême aptitude au travail ; mais il est un exemple aussi de cette vérité qu'il y a une limite que l'on ne doit pas dépasser, sous peine de voir s'user avant le temps ces heureuses qualités chez celui qui les possède.

Jean-Antoine-Aza Vincent est né le 10 février 1793, à Marseille. Après avoir fait ses études au lycée de cette ville, il se présenta deux fois aux examens pour l'école polytechnique : une première fois pour essayer ses forces, à l'âge de seize ans, et deux ans plus tard pour y être admis. Non content pendant cet intervalle de se fortifier dans ses études régulières, il se livrait à des études nouvelles, et particulièrement à celle de la langue arabe, recherchant, pour causer avec eux, les étrangers que leurs affaires amenaient au port de Marseille.

Après ses deux années d'école polytechnique, il fut placé dans le corps du génie maritime (ingénieurs des constructions navales), et envoyé à l'école spéciale d'Anvers.

C'était à la fin de 1813. Anvers était alors la clé de notre frontière du nord et, de plus, le lieu de construction, le dépôt de cette flotte de vaisseaux de ligne, toujours menaçante pour l'Angleterre, si rapprochée de ses côtes, et à laquelle Napoléon ne cessait de donner des soins malgré les préoccupations de ses guerres continentales. L'Empereur venait de nommer gouverneur général de cette place Carnot, dont les jeunes gens d'alors aiment encore à se rappeler la lettre d'offre de service, et qui, par son patriotisme et ses talents, était si digne de ce choix important.

Des bataillons d'ouvriers militaires du génie maritime (1) passèrent au service du département de la guerre; le jeune Vincent y fut nommé officier le 1er janvier 1814, et donna dès lors des preuves de cette activité, de cette énergie que nous lui avons connues.

Qu'il me soit permis, Messieurs, de faire ici une pe-

---

(1) Ils formaient un total de six à sept mille hommes; ils occupaient la citadelle et étaient la principale force de la garnison d'Anvers. Organisés au camp de Boulogne, ces bataillons avaient pris les noms de bataillons de Boulogne, d'Espagne, du Danube, de la Moskowa, de l'Escaut, qui rappelaient les excellents services qu'ils avaient rendus à la suite des grandes armées.

tite digression. J'ai vu, dans ces derniers temps, critiquer le choix, par l'Empereur, de Carnot pour le commandement d'Anvers, et le présenter comme une preuve de défiance dans ce moment solennel où il aurait dû le mettre à la tête d'une armée. Ce reproche tombe à faux. Carnot, habile à combiner des plans de campagne, n'avait jamais commandé une armée en personne. Faire un apprentissage dans un moment aussi critique eût été au moins imprudent, tandis que Carnot était un officier du génie des plus distingués en même temps qu'auteur d'un livre *de la Défense des places fortes, ouvrage composé par ordre de Sa Majesté impériale et royale, pour l'instruction des élèves du corps du génie*, et dont les conclusions, qui respiraient la confiance et la sécurité, devaient si bien convenir au Chef de l'État.

La restauration rendit M. Vincent à son corps, et les années suivantes se passèrent pour lui dans les études, puis dans le service courant des constructions navales, jusqu'en 1827, où le Ministre de la marine le chargea d'aller en Angleterre étudier la navigation à vapeur déjà en progrès dans ce pays et, il faut bien le dire, encore presque à l'état d'essai parmi nous.

Pour mieux faire ressortir la confiance qu'inspirait déjà M. Vincent et l'importance de sa mission, je vous rappellerai par quelques mots quel était alors l'état de la grande industrie. Ce n'est que vers cette époque que fut créé, à Charenton, le premier grand établissement pour la construction des machines modernes. L'impression qu'il produisit dans le monde industriel fut immense. On accourait de toute part pour le visiter. Moi-même je fus appelé à Paris par l'administration des forges et fonderies de Romilly pour l'étudier dans les rapports qu'il pouvait avoir avec les travaux de cet établissement.

A son retour à Toulon, M. Vincent fut chargé de l'installation d'un grand atelier pour l'entretien et la réparation des machines à vapeur de la marine. Il construisit aussi vers la même époque, mais comme entreprise particulière, pour les ports de la Corse, les premiers bateaux à vapeur qui aient eu un succès assuré et un service régulier dans la Méditerranée.

Il contribua activement aux préparatifs de l'expédition d'Alger, et fut attaché spécialement au service des bateaux à vapeur de l'État jusqu'en 1832.

Ici, Messieurs, nous allons entrer dans une nouvelle phase de la carrière de M. Vincent.

Les écoles d'arts et métiers chargées, à leur création par le premier consul, de préparer des contre-maîtres et des chefs d'atelier instruits pour un certain nombre d'industries alors peu avancées, avaient rendu de véritables services. Déjà l'ordonnance du 31 décembre 1826, faisant la part des progrès de l'industrie, avait dû les faire entrer dans une nouvelle voie, celle de l'industrie mécanique.

Cependant, en 1832, ces écoles étaient vivement attaquées et avec quelque apparence de raison. Elles semblaient arrêtées dans l'impulsion qui leur avait été donnée par l'ordonnance que je viens de citer. L'école de Châlons en particulier, depuis 1830, était industrielle et militaire à la fois, c'est-à-dire, qu'elle n'était ni l'un ni l'autre.

D'ailleurs, avec la marche rapide de l'industrie de nos jours, tout ne devient-il pas vieille routine au bout de dix ans et moins encore ?

M. Charles Dupin monta sur la brèche pour la défense

des écoles d'arts et Métiers, comme il l'a fait tout récemment encore avec M. le général Morin et M. Corne du nord, et les écoles furent sauvées. Il démontra qu'il fallait rajeunir une deuxième fois ces écoles en entrant plus franchement dans la voie indiquée. Qu'était-il besoin, en effet, de longues études théoriques, par exemple, pour le charronnage, la charpenterie, la menuiserie ordinaire? Il fallait faire servir plus utilement l'instruction théorique en la dirigeant uniquement vers l'industrie mécanique proprement dite, qui en a essentiellement besoin.

C'est l'œuvre qu'entreprit M. Vincent en s'offrant à M. Dupin, qui le fit nommer directeur de l'école de Châlons, en octobre 1832.

Les dix ateliers conservés en 1826 furent fondus dans les quatre qui concourent à la construction des machines : la forge, les tours et modèles, la fonderie et l'ajustage, l'ajustage qui prépare d'une manière générale à toutes les industries mécaniques, comme, dans une sphère plus élevée, l'instruction de l'école polytechnique prépare aux différents services pour lesquels elle est nécessaire.

M. Vincent opéra une réforme complète dans l'organisation des classes, des élèves, modifia, supprima même de l'instruction les cours de longue durée qui ne conduisaient pas au but, et coordonna les études théorique et pratique

La comptabilité, surtout celle des ateliers, fut entièrement changée et établie d'une manière claire, simple et rigoureuse.

La décoration d'officier de la Légion d'honneur vint récompenser ces récents services, en mai 1833, et le

Ministre chargeait bientôt M. Vincent d'inspecter l'école d'Angers que des arrêtés ministériels avaient réorganisée tout aussitôt sur les mêmes bases que celle dont il avait pris la direction.

Les ateliers de Châlons n'auraient pu recevoir les machines qu'il fallait construire pour le nouvel ordre de choses. Un premier atelier, celui de l'ajustage, fut construit sur les fonds du budget de l'école, à défaut de subvention de l'État. Pour dire tout, l'état financier de l'école eut à en souffrir gravement pendant plusieurs années, et, par conséquent, le directeur qui succéda à M. Vincent. Mais celui-ci avait atteint son but. L'impulsion était donnée ; il a bien fallu la suivre.

S'il n'avait pas un pouvoir absolu pour toutes ces modifications, M. Vincent, favorisé, il est vrai, par une position exceptionnelle, ne craignait pas de se le donner largement, et ce n'est qu'à cette condition que l'on peut, en pareil cas, faire rapidement quelque chose de bien, quelque chose de grand.

Pendant son séjour à Châlons, votre Société s'empressa de l'accueillir, et dès le 1er août 1833 il en était membre titulaire. Vous l'avez élu président en 1837. Vous n'avez pas oublié que plusieurs de ses dons ont enrichi vos collections et vos portefeuilles. C'est sur sa demande que votre Société fut chargée par le Ministre du commerce d'ajouter à une médaille d'or votée par vous un prix de 400 francs et un autre de 100 francs pour la découverte, dans un rayon rapproché de Châlons, des meilleurs sables réfractaires propres, l'un au moulage et l'autre à la construction des fourneaux de fonderie. Vous avez distribué ces prix dans votre séance de 1840.

Son départ le fit inscrire comme membre correspondant, et il tenait à honneur d'assister à vos séances publiques toutes les fois que leur époque pouvait coïncider avec celle de sa venue à Châlons.

Rentré en avril 1838 dans le service actif de la marine, M. Vincent demeura chargé de l'inspection des écoles d'arts et métiers, que, même après son élévation au poste de directeur des constructions navales à Toulon, le second de son corps par son importance, il conserva jusqu'en 1848.

Nous ne rappellerons pas ici les chagrins dont fut abreuvé M. Vincent à cette dernière époque, et qui prirent naissance dans l'insurrection des ouvriers de ces mêmes ateliers de Toulon, à l'amélioration desquels il avait tant contribué. Il dut alors quitter la direction de Toulon pour celle de Cherbourg, bien inférieure.

On ne l'autorisa même pas à aller faire à ses frais l'inspection des écoles d'arts et métiers.

Ces circonstances, jointes à un travail excessif habituel auquel bien peu de personnes autres que lui auraient résisté, déterminèrent la maladie qui vint le frapper et qui priva successivement cette tête si vive, si ardente, de ses facultés intellectuelles. Entouré des soins de sa famille, il se survécut à lui-même pendant près de quatre ans. Il achevait de mourir le 19 février de cette année.

Une extrême activité, l'ordre et la persévérance expliquent seuls comment M. Vincent pouvait suffire à toutes ses occupations. Ajoutons y encore le peu de temps qu'il donnait au sommeil.

Arrivant d'un voyage de deux cent soixante lieues, en diligence, sans se reposer, il commençait immédiatement ses travaux d'inspection, ses examens qu'il ne quittait qu'à sept heures, huit heures du soir. Puis il recevait les employés, faisait sa correspondance de famille celle relative à son service, jusqu'à une heure du matin. A six heures il recommençait ses examens pour faire une journée comme celle de la veille.

Au milieu de ses travaux si multipliés, M. Vincent trouvait encore le temps de se livrer à l'éducation de ses enfants, même en dehors de l'étude des sciences et des langues vivantes. Des commentaires de lui sur Virgile, Horace, Ovide, Salluste et Tacite prouvent la large part qu'il y prenait lui-même.

Quand M. Vincent voulait une chose qu'il croyait bonne, ni le temps, ni les démarches ne lui coûtaient. Il pouvait s'arrêter, mais non reculer. Sa bourse même y subvenait au besoin avec un désintéressement remarquable. C'est ainsi qu'en 1828 il organisa au port de Toulon un premier matériel d'impression lithographique, achetant à ses frais les pierres, la presse, enfin tout ce qu'il fallait pour marcher.

Son but était de répandre la connaissance des machines-outils des ateliers de l'arsenal de Toulon et de tout ce qui se rapportait aux constructions navales. L'utilité des résultats fut bientôt si évidente que le Ministre s'empressa d'organiser cet atelier sur une grande échelle.

C'est par M. Vincent que furent commencées les archives des constructions navales, où les jeunes ingénieurs vont trouver aujourd'hui, sans perdre de temps et sans être obligés d'avoir recours à des complaisances de leurs anciens dans la carrière, tous les documents qui leur sont nécessaires pour se mettre au courant des immenses détails relatifs aux diverses parties de leur art.

Nous retrouvons encore ce même désintéressement lorsque, par une économie mal entendue, on voulut supprimer, après février 1848, l'inspection des écoles d'arts et métiers, et qu'il proposa de s'en charger entièrement à ses frais. Ajoutons à l'honneur du Ministre de l'agriculture d'alors, M. Flocon, que celui-ci mit de sa propre main au bas de la lettre : « Écrire à M. Vincent que son » offre est trop généreuse pour ne pas être acceptée » avec empressement. »

J'ai dit déjà qu'il ne lui fut pas donné d'avoir cette satisfaction.

Enfin, je ne dois pas omettre que c'est M. Vincent qui prépara et qui enleva, en quelque sorte, la création, en 1843, d'une troisième école d'arts et métiers, celle d'Aix, bien convaincu qu'il était de l'utilité de ces établissements pour l'industrie et pour la jeunesse ouvrière studieuse.

S'il m'était permis d'énoncer ici une appréciation du mérite de M. Vincent, je dirais que, sans avoir la haute renommée due à de grandes découvertes, il aura par son activité, son intelligence, sa persévérance, son esprit d'ordre et d'organisation, rendu plus de services, et des services plus durables que bien des hommes d'un génie supérieur et d'une illustration plus grande.

Sa mémoire se conservera dans les écoles d'arts et métiers et dans le corps du génie maritime où l'un de ses fils nouvellement admis, et qui a puisé à la même source que son père une éducation forte, aura tant de motifs pour marcher dignement sur ses traces.

CHALONS. TYP. DE LAURENT.

www.ingramcontent.com/pod-product-compliance
Lightning Source LLC
Chambersburg PA
CBHW071643030726
47598CB00005B/1994